Le dictionnaire de Laurent Baffie

KERO

ISBN : 978-2-36658-051-8

À Sandrine, avec qui j'ai toujours su trouver les mots…

Juste un mot…

Avant de me lancer dans l'écriture de ce livre, trois questions se sont imposées à moi :

1. qui cela va-t-il intéresser ?
2. cela vaut-il la peine de couper des arbres pour imprimer ça ?
3. combien cela va-t-il me rapporter ?

Après avoir répondu à la troisième question, j'ai immédiatement oublié les deux premières !

À la fin d'une scolarité pitoyable, dont je fus libéré à quinze ans pour mauvaise conduite, je n'avais pas le niveau pour faire autre chose que des vannes de titi parigot.

Heureusement un ami (le grand Bertrand) m'a donné le goût de la lecture, et un autre ami (le petit Robert) m'a aidé à comprendre ce que je lisais.

Si le chien est le meilleur ami de l'homme, le dictionnaire est le meilleur ami de l'autodidacte. Toujours dispo, ouvert et prêt à délivrer l'information recherchée, avec pour seule contrainte une bonne maîtrise de l'alphabet qui me fait encore défaut à ce jour.

Cet immense savoir que j'ai acquis au fil des ans, j'ai décidé de le restituer aujourd'hui en écrivant mon propre dico. J'espère que vous trouverez autant de plaisir à le lire que je me suis fait chier à l'écrire, et j'espère surtout pour vous que vous sortirez moins cons de cet ouvrage, qui contrairement à son auteur saura traverser les siècles.

Bonne lecture,

Laurent Baffie

A

ABBA

Groupe de rock préféré des tripiers.

❁❁❁

ABS

Système de freinage qui ne permet pas d'éviter le mur quand on pique dans la caisse de sa propre société.

❁❁❁

Abstrait

Forme d'art qui permet de ne plus se casser le cul à apprendre à dessiner.

❁❁❁

Académicien

Vieillard cacochyme et lettré qui sodomise les diptères par ordre alphabétique.

❁❁❁

A capella

Formule musicale qui permet d'économiser un orchestre.

❁❁❁

Accouchement

Frisée aux lardons.

❁❁❁

Acupuncteur

Joueur de fléchettes conventionné.

❖❖❖

Adolescence

Période pendant laquelle on prend son pied avec sa main.

❖❖❖

Adultère

Changement d'herbage qui réjouit les veaux et surtout les porcs.

❖❖❖

Aigri

Personne amère et jalouse
qui demeure jusqu'au bout.

Ex : Les paroles s'en vont, les aigris restent.

❁❁❁

Aïoli

Mayo pour sado-maso.

❁❁❁

Alcool

Boisson qui permet
aux mecs de baiser
des filles moches
et inversement.

❁❁❁

Alzheimer

Maladie qui permet de regarder tous les soirs le DVD de *Rabbi Jacob* avec le même plaisir.

❁❁❁

Amant

Ce que prend une femme quand son mari ne la prend plus.

❁❁❁

Amitié

Amour sans pénétration.

❁❁❁

Anagrammes

Le soir mon **chien**

rentre dans sa **niche**,

la **police picole**, et mes

couilles ressemblent

à des ***lucioles***.

Et moi, ***Laurent***,

je trouve ça ***naturel***.

Anathème
Malédiction qui, contrairement au boomerang, ne revient pas quand on la jette.

❁❁❁

Anecdote
Petite histoire qui peut prendre des plombes quand c'est Michel Drucker qui la raconte.

❁❁❁

Année
Période de douze mois qui peut se dilater à loisir chez les femmes qui ont passé la quarantaine.

❁❁❁

Anoblir

Faire d'un gueux un aristo.

Ex : La baronne **de** Rothschild
Le comte **de** Paris
Le fils **de** pute

❁❁❁

Antidépresseur

Cachet de la poste qui permet aux employés de travailler et aux usagers de patienter.

❁❁❁

Antillais

Français de bonne compagnie (créole).

❁❁❁

Anus

Cercle vicieux qui permet d'expulser les indésirables et recevoir des amis.

❖❖❖

Aorte

Grande artère pas forcément parisienne qui fout bien le bordel quand elle est bouchée.

❖❖❖

Apéro

Pratique inventée par les Romains : O tempura o mauresque.

❖❖❖

Apiculteur
Éleveur qui fait la politique de l'autre ruche.

❁❁❁

Apollo

« On ne dit pas la capsule Apollo, mais la capsule **de** Paulo et la grosse bite **à** Dudule. »

(Maître CAPELLO)

❁❁❁

Appétit
Si l'appétit vient en mangeant, pourquoi le serveur ne vient jamais quand on l'appelle ?

❁❁❁

Applique

Éclairage qu'il ne faut jamais redresser quand on sort du bain (même le lundi au soleil).

❋❋❋

Aquarelle

Peinture à l'eau qui permet d'exprimer toute sa sensibilité. Voir Adolf Hitler.

❋❋❋

Arbitre

Connard en short avec un sifflet que les supporters invitent régulièrement à se rendre aux toilettes.

❋❋❋

Archéologue

Type qui s'en met plein les fouilles.

❖❖❖

Argenterie

Deuxième chose que la bonne astique après Monsieur.

❖❖❖

Ascenseur

Moyen de transport qui permet de voyager dans les mêmes conditions que son patron.

❖❖❖

Ascètes

Personnes rigoureuses qui prennent leurs rendez-vous par groupes de cinq.

Ex : Les rendez-vous de cinq ascètes.

❖❖❖

Autocensure

Procédé qui permet à l'auteur d'économiser des frais d'avocat.

❖❖❖

Autodidacte

Personne qui ne peut s'en prendre qu'à elle-même.

❖❖❖

Autoportrait

Figure imposée.

❖❖❖

Auto-stoppeur

Inventeur du covoiturage.

❋❋❋

Aveugle

Un paraplégique qui fait
une confiance aveugle
à un sourd-muet ne fait pas
preuve de bon sens.

(Louis Braille)

❋❋❋

Avion

Moyen de transport
le plus sûr qui me fait
le plus peur.

❋❋❋

B

BA

Bonne action qui consiste en général à faire traverser une petite vieille qui n'a strictement rien à foutre sur le trottoir d'en face.

❁❁❁

Baby-sitter

Jeune étudiante qui passe plus de temps avec l'enfant que la mère mais que le père n'a pas le droit de baiser.

❁❁❁

Baffe

Punition qui apprend aux petits enfants à compter jusqu'à trois.

❁❁❁

Bagagiste

Métier que l'on exerce quand on n'a pas de bagage.

❁❁❁

Bagarre

Multiplication des pains.

❁❁❁

Baiser

Mot ambigu qui désigne à la fois le préliminaire et la finalité.

❁❁❁

Baiser (de Judas)

Papouilles à travers la porte.

❁❁❁

Balai

Objet qui peut vous mener au placard surtout s'il est rose.

❁❁❁

Balance

Ennemie intime.

❁❁❁

Balayette

Petite brosse qui se range,
si l'on en croit la légende populaire,
dans un endroit très intime
de sa personne.

❁❁❁

Banque

Établissement qui nous refuse un découvert et dont on paye les faillites.

❁❁❁

Bar

Poisson dangereux.

Ex : Près de la raie, le bar t'abat.

❁❁❁

Barbu

Passager qui stresse tout le monde dans l'avion.

❁❁❁

Bartavelle

La Gloire de mon père.

Contraire : Bar à putes,
la Honte
de mon père.

❀❀❀

Bâtard

Pain de boulanger inconnu.

❀❀❀

Batteur

Musicien qui se fait le plus chier
à porter son matos dans les tournées.

❀❀❀

Beaujolais

Mauvais pinard qui pète plus haut que son cru.

❁❁❁

Bègue

Personne qui a intérêt à avoir un forfait illimité.

❁❁❁

Belle-mère

Vision futuriste de sa propre femme.

❁❁❁

Bêtisier

Émission du premier de l'an composée de séquences déjà diffusées l'année précédente et qui donne un avant-goût de ce que l'on va voir l'année suivante.

❖❖❖

Beurre

Matière grasse qui peut faire perdre les cheveux quand on en vend aux Allemands.

❖❖❖

Biche

Animal méprisant, surtout quand elle est avec ses petits.

Ex : Elle m'a regardé avec des daims.

❖❖❖

Bide

Film avec un ventre mou.

❁❁❁

Bipolaire

Personne caractérielle
qui n'a que deux pulls.

❁❁❁

Bisexualité

Optimisation
des orifices.

❁❁❁

Blaireau

Mec rasoir.

❁❁❁

Blatte

Indicateur de propreté des restaurants chinois.

❁❁❁

Blennorragie

Maladie qui coule de source.

❁❁❁

Blonde

Femme stupide injustement décriée.

❁❁❁

Bonbon

Appât du pédophile.

❁❁❁

Boomerang

Bâton qui met les chiens au chômage technique.

❁❁❁

Bordel

Maison close où les filles sont très ouvertes.

❁❁❁

Bouche-à-oreille

Remplit les salles et vide le cérumen.

❁❁❁

Boucher

Tailleur de bavette.

❁❁❁

Boudin

Fille qui se fait du mauvais sang
à cause de son physique pas facile.

❁❁❁

Boulet

Ancien canon.

❁❁❁

Boulimie
La faim justifie les moyens.

❖❖❖

Bourdon
Pote du cafard qui fout une sale ambiance partout où il passe.

❖❖❖

Bowling
Deuxième sport le plus con après le curling.

❖❖❖

Boxeur
Fister contrarié.

❖❖❖

Braguette

Rideau du théâtre

de Popol.

❁❁❁

Bronze

Sculpture matinale.

❁❁❁

C

Cabri

C'est fini.

❁❁❁

Calendrier

Ouvrage illustré
qui permet aux rugbymen
de se cacher la bite
derrière un ballon.

❁❁❁

Calvitie

Golfe de plus en plus
clair.

❁❁❁

Campagne

Terre cultivée par des incultes. (Philippe Lavil)

❁❁❁

Canapé

Accélérateur de carrière.

❁❁❁

Cannabis

Substance qui m'a aidé à écrire ce livre et qui devrait vous aider à le lire.

❁❁❁

Cannibale

Pour les femmes cannibales, la fellation est un coupe-faim.

❀❀❀

Carat

Unité de mesure de l'amour chez les femmes.

❀❀❀

Caravane

Résidence secondaire des gauloises et principale des gitanes.

❀❀❀

Castrat

Chanteur hors paire.

❋❋❋

Catéchisme

Initiation à la sodomie.

❋❋❋

Causette

Conversation misérable.

❋❋❋

Cellulite

Cause perdue.

❋❋❋

Cénobite

Moine paisible qui vit en communauté. Voir les cénobites tranquilles.

❖❖❖

Cercueil

« L'important, c'est ce qu'il y a dans la boîte. »
(William SAURIN)

❖❖❖

César

Compression qui entraîne la dépression chez les acteurs qui ne l'ont pas.

❖❖❖

Césarienne

Plan b du bb.

❁❁❁

Chamois

Animal qui squatte
chez les autres.

Ex : Viens chamois j'habite
chez une copine.

❁❁❁

Chantage

Si vous n'aimez pas ce livre,
je me suicide...

❁❁❁

Charade

Mon premier est un peintre
lillois du mouvement rococo

On croise mon deuxième
avec des témoins

Mon troisième
est une révolution

Mon quatrième
est postérieur

Mon dernier doit beaucoup
à Pasteur

Mon tout est ce que je vous
invite à faire si vous n'avez
pas trouvé la solution
de ce rébus.

Charrette

Moyen de transport
pour aller de son bureau
au Pôle Emploi.

❁❁❁

Chasseur

Viandard aviné qui tire sur ses chiens.

❁❁❁

Chemin

Si tous les chemins mènent
à Rome, pourquoi je me
suis retrouvé à Pithiviers ?

❁❁❁

Cheval

Le cheval c'est comme
une belle fille : quand
on monte dessus, on regarde
tout le monde de haut.

❁❁❁

Chèvre

Poupée gonflable du légionnaire.

❁❁❁

Chien

Animal proche de l'homme
car ils ont en commun
de remuer la queue quand
ils voient leur maîtresse.

❁❁❁

Chinois

Terrien surnuméraire.

❊❊❊

Chippendale

Cadeau d'anniversaire pour pétasses hystériques en groupe.

❊❊❊

Chirurgien

Personne qui tire les vieilles pour de l'argent.

Synonyme : Gigolo.

❊❊❊

Christianisme

Religion sur laquelle j'ai fait une croix.

❁❁❁

Cirque

Endroit où l'on attend désespérément que le trapéziste tombe, que le dompteur se fasse bouffer, et que le clown nous fasse rire.

❁❁❁

Cirrhose

Maladie du foie souvent accompagnée d'une tendinite du coude.

❁❁❁

Clause

Enculade écrite en tout petit dans un contrat.

❁❁❁

Clavier

Un clavier azerty en vaut deux.

❁❁❁

Clef

Arrêtez de me parler de ce film, c'est une merde.

❁❁❁

Clignotant

Le clignotant c'est comme le préservatif : faut pas oublier de le mettre avant de tourner. (Rocco Siffredi)

❁❁❁

Clitoris

Bouton introuvable dans le noir.
Voir Minuterie.

❁❁❁

Clôture

Ce qui sépare l'homme
de l'homme.

❁❁❁

Cocaïne

Le type qui a inventé
la cocaïne avait le nez
creux et la gueule
enfarinée.

❁❁❁

Cochon

Animal que je n'ai pas gardé
avec Raymond.

❁❁❁

Cœur

Quand un transplanté a le cœur à rire, c'est que l'opération est réussie !

(Professeur BARNARD)

❖❖❖

Collabo

Français qui a choisi son camp et rempli ceux des Allemands.

❖❖❖

Colle

Mot qui se tient.

❖❖❖

Comptable

Escroc qui vous prend
une fortune pour
vous expliquer que
vous êtes surendetté.

❁❁❁

Condor

Grand vautour souvent cocu.
« Mais que c'est chiant d'être un rapace,
car à chaque fois que le Condor,
le Faucon culbute sa grognasse,
pendant que l'vrai roupille encore. »

❁❁❁

Conscience

Petit caillou dans
la chaussure qui nous
aide à marcher droit.

❁❁❁

Constipation

Bouchon au péage.

❁❁❁

Contractuelle

Mal baisée, mal payée et mal aimée

(ou l'inverse).

❁❁❁

Corbeau

L'être anonyme.

❁❁❁

Corbillard

Véhicule rarement flashé.

❁❁❁

Cordon

Plus difficile à couper quand la mère est juive.

❁❁❁

Cour

Celui qui fait la cour à une concierge est bon pour sortir les poubelles.

❁❁❁

Cousin

Parent sujet aux flatulences.

Ex : Le cousin péteur.

❖❖❖

Cravate

Trait d'union entre le cerveau et la bite.

❖❖❖

Crédit

Permet de payer le présent avec du futur.

❖❖❖

Crémation

Plancha familiale.

❁❁❁

Crémier

Commerçant qui compte

Fleurette.

❁❁❁

Créneau

Équation féminine.

❁❁❁

Crocodile

Gros reptile dont
le principal ennemi
est la contrefaçon.

❖❖❖

Croissant

Viennoiserie musulmane.

❖❖❖

Croupe

« Il n'y a pas loin
de la croupe
aux lèvres. » (DSK)

❖❖❖

Culée

Matériau pour sculpteur spécialisé dans l'autoportrait.

Ex : « Hier je me suis fait
en glaise,
Aujourd'hui, je me suis
fait en bronze,
Demain, je vais me faire
en culée ! »

(Jean COCTEAU)

❁❁❁

Cunnilingus

Amour des langues étrangères.

❁❁❁

D

Dealer
Horloge parlante.

❋❋❋

Déception
Fait d'être trompé
dans ses espérances.
Ex : « Quand je vois tes yeux,
Je suis amoureux,
Quand je vois ton cul,
Je suis très déçu. »
(Dany BRILLANT)

❋❋❋

Défenestration
Mauvaise influence de Michel
Fugain sur Mike Brant.
Ex : « Fais comme l'oiseau. »

❋❋❋

Défroquer

Abandonner l'état religieux pour se recentrer sur les enfants.

❉❉❉

Dégazage

Pollution due à un salaud de capitaine qui obéit à un enculé d'armateur.

❉❉❉

Déjà

Mot le plus employé par les femmes après l'amour.

❉❉❉

Dépression

La dépression, c'est comme les impôts, on sait que ça va revenir mais on ne sait jamais combien on va payer.

❁❁❁

Dermato

Toubib qui ne donne pas ses bons coins à champignons.

❁❁❁

Dernier

Si les premiers seront les derniers, à quoi bon se casser le cul à travailler à l'école ? (Saint Matthieu fils)

❁❁❁

Devinette

J'ai un sexe de trente centimètres et je peux faire l'amour à dix filles dans la même nuit. Qui suis-je ?

❁❁❁

Diable

Boulot à mi-temps de Dieu.

❁❁❁

Diamant

Verre solitaire.

❀❀❀

Dictateur

Mauvais joueur
qui coupe le sifflet
au libre arbitre.

❀❀❀

Dictionnaire

Mot dans lequel il y a tous les autres.

❀❀❀

Dieu

Créateur de tout,
responsable de rien.

❉❉❉

Digression

Sauter du Coca light.

❉❉❉

Dopage

Le dopage est
au cyclisme ce que
les putes sont
au football. (Franck Ribéry)

❉❉❉

Dormir

Celui qui peut
dormir sur ses deux
oreilles ferait bien
de se faire opérer.

❁❁❁

Droite/Gauche

Quand un homme
de droite passe l'arme
à gauche, l'homme
de gauche a une larme
adroite.

❁❁❁

E

Eau

La goutte d'eau
qui fait déborder
le vase ferait mieux
d'éteindre l'étincelle
qui met le feu
aux poudres.

❅❅❅

Écho

Psittacidé des montagnes.

❅❅❅

Éjaculer

Cracher la purée avec sa saucisse.

❅❅❅

Éléphant

Un éléphant couvert de puces n'a pas plus de mémoire qu'un autre.

(Roland Moreno)

❀❀❀

Enculé

Acheteur potentiel d'une caméra de recul.

❀❀❀

Enfant

Fruit de la passion ou gros pépin.

❀❀❀

Enfer

Grosse rôtisserie en sous-sol pavée de bonnes intentions.

❁❁❁

Enfoiré

Anciennement enculé, salaud, fils de pute, depuis Coluche, personne généreuse altruiste et solidaire.

❁❁❁

Engin

Sorte de bite mais en plus gros.

❁❁❁

Énigme

Pour moi la sodomie
vient avant la vaseline,
Le cunnilingus
avant la pipe,
Et la partouze
après l'inceste.

Qui suis-je ?

❀❀❀

Enseignant

Professeur sous tranquillisant.

❀❀❀

Enterrement

Dernière sortie en boîte.

❀❀❀

Épicier

Arabe très ouvert.

❀❀❀

Érection

Lever du drapeau pour les jeunes qui se transforme en cérémonie aux morts pour les vieux.

❀❀❀

Ermite

Personnage grotesque.

❁❁❁

Escargot

Limace qui a accédé à la propriété.

❁❁❁

Escroc

Personne qui commence toutes ses phrases par « Fais-moi confiance. »

❁❁❁

Espion

Qui est chargé d'épier.

Synonyme : Podologue.

❁❁❁

Espoir

Sorte de clandestin du cœur que l'on nourrit en secret.

❁❁❁

Esquimau

Mec qui peut se branler pendant six mois si sa meuf ne couche pas le premier soir.

❁❁❁

Esthéticienne

Visagiste de la chatte.

❁❁❁

Euro

Pièce dont on ne peut plus sortir.

❁❁❁

Évêque

Haut dignitaire de l'Église qui profite de son statut pour faire le pont.

❁❁❁

Excentrique

Ancien petit ami impuissant.

❁❁❁

Exemple

Un bon exemple est un exemple qui ne souffre pas de contre-exemple.

Ex : T'es encore plus conne que ta mère.

❁❁❁

F

Famille

Proches qui viennent avant le travail et après la patrie.

❀❀❀

Famine

Mot qui ne mange pas de pain.

❀❀❀

Femme

Avenir de l'homme au futur décomposé.

❀❀❀

Femme (de ménage)

« Mieux veut être avec une femme
de ménage qu'en ménage
avec une femme. » (DSK)

❁❁❁

Fève

Désigne les rois et nique
les couronnes.

❁❁❁

Ficelle

« Les tampons, c'est comme la magie, si on voit la ficelle, c'est foutu. » (Gérard MAJAX)

❁❁❁

Fidélité

Concept féminin.

Voir Pas vu pas pris.

❁❁❁

Flatulence

Déflagration

qui n'entache pas

que la réputation.

❁❁❁

Fleur

Grosse allumeuse aux couleurs vives et au parfum fort qui écarte les pétales pour se faire butiner.

❁❁❁

Flirt

Pratique proche de la diplomatie qui exige une bonne connaissance des langues et beaucoup de doigté.

❁❁❁

Fonctionnaire

Employé à motivation réduite.

❁❁❁

Fraise

Fruit que l'on souhaite sucrer le plus tard possible.

❁❁❁

Franc-maçon

Personne qui a un compas dans l'œil.

❁❁❁

Fromage

Si tu manges trop de fromage, ça te dessert.

❁❁❁

Front

Utile quand il est populaire, honteux quand il est national.

❁❁❁

Fumer

Fumer tue, même en terrasse.

❁❁❁

Fusillé

Personne au pied du mur.

❁❁❁

Futur

Passé en devenir.

❁❁❁

G

Galanterie

Parade amoureuse pré-coïtale qui fait place à la goujaterie.

❁❁❁

Galet

Pierre qui roule et qui ne donne aucune satisfaction quand on est allongé dessus. (Mick JAGGER)

❁❁❁

Gaule

Pays dont le drapeau est tenu par ma bite.

❁❁❁

Gay Pride

Ballet à fiottes.

❁❁❁

Gazoduc

Pet de noble.

❁❁❁

Gendre

Petit con qui met
les pieds sous ta table
et les doigts dans
ta fille.

❁❁❁

Gériatre

Médecin en vieux.

❁❁❁

Gondole

Barcasse pour promener les futurs cocus.

❋❋❋

Gourde

Femme remplie de rien.

❋❋❋

Grammaire

Règles douloureuses.

❋❋❋

Grec

Sodomite européen
au bord de la faillite.

❀❀❀

Grue

Oiseau aux allures de pute
qui travaille sur les chantiers.

❀❀❀

Gruyère

Escroquerie où les trous
sont vendus au prix
du fromage.

❀❀❀

H

Hamac

Mot dont je me balance.

❁❁❁

Handicapé

Gros privilégié

qui peut se garer

n'importe où.

❁❁❁

Hémorroïdes

Tartare de fion.

❁❁❁

Hêtre

Arbre qui se pose
des questions existentielles.

❁❁❁

Homard

Crustacé décapode
accusé de meurtre
par une illettrée.

❁❁❁

Homme

Mâle baisé.

❁❁❁

Homosexuel

Saigneur des anneaux.

❁❁❁

Hôpital

Établissement qui se fout de la charité, même quand elle est bien ordonnée.

❁❁❁

Hostie

Étouffe-chrétien.

❁❁❁

Huissier

Mâle qui saisit les biens.

❁❁❁

Huître

Supplice de Cancale.

❁❁❁

Humoriste

Comique qui se sent obligé d'écrire un dictionnaire pour asseoir sa réputation.

❁❁❁

Husky

Chien de traîneau.

Contraire : Yorkshire,
chien de traînée.

❖❖❖

Hymen

Petite membrane qui atteste
qu'on a bien été le prem's.

❖❖❖

Hyperbole

Figure de style préférée
des gagnants du loto.

❖❖❖

L

Imagination

Procédé qui permet de baiser toutes les filles qu'on veut.

❋❋❋

Imbiber

Liquide qui pénètre très profondément.
D'où l'expression :« Oh oui ! Fais-moi imbiber ! »

❋❋❋

Impétigo

Description de Philippe Bouvard par Amin Dada.

❋❋❋

Impuissance

Panne des sens.

❖❖❖

Inceste

Re-transmission des gènes.

❖❖❖

Infarctus

Action de se claquer l'aorte au nez.

❖❖❖

Innocent

Coupable qui ne s'est pas fait choper.

❖❖❖

Insoumis

Personne indocile
qui est souvent mise
de côté pour sa rébellion.
Ex: Insoumis de côté.

❀❀❀

Intellectuel

Cérébral qui peut
jouir en s'écoutant
parler.

❀❀❀

Intellectuelle

Femme de méninge.

❀❀❀

I.S.F.

Impôt que tout
le monde aimerait
bien payer.

❁❁❁

Isoloir

Il n’y a que deux endroits
où je m’enferme avec un petit bout
de papier et à chaque fois ça sent
la merde.

❁❁❁

J

Jacuzzi

Bain où on peut péter tranquille.

Ex : « Spa moi ! »

❁❁❁

Jamais

Si on n'est jamais
aussi bien servi
que par soi-même,
pourquoi les riches
prennent-ils
des domestiques ?

❁❁❁

Jésus
Fils à Papa.

❖❖❖

Judo
Sport où il est interdit de mettre les doigts dans la prise.

❖❖❖

Jumelage
Action d'associer un bled pourri au fin fond de la Creuse avec un autre bled de merde aux confins de la Roumanie (ou l'inverse).

❖❖❖

K

Kayak

Mot qui peut se lire dans les deux sens mais qui n'est pas gai pour autant.

❖❖❖

Kebab

Roulette turque.

❖❖❖

Kippa

Calvitie du vendredi.

❖❖❖

L

Lâche

Personne qui a
le courage de courir.

❖❖❖

Lama

Animal qui attire les mystiques.

❖❖❖

Lépreux

Persona non gratta.

❖❖❖

Liaison

Relation parfois extra,
toujours extraconjugale.

❖❖❖

Liberté

Finalement je préfère qu'on me prenne ma liberté de penser plutôt que de me faire taxer à 75 %.

(Florent Pagny)

❁❁❁

Litote

Hitler n'a pas fait que du bien aux Juifs.

❁❁❁

Littoral

Côtes de porcs.

❁❁❁

Loyer

Le loyer c'est comme les règles, ça revient tous les mois et ça nous fout dans la merde. (Rocco SIFFREDI)

❊❊❊

Lunette

Ustensile qui permet de repérer les femmes qui aiment la bite.

❊❊❊

M

Machine
Deuxième prénom de sa femme.

❖❖❖

Madeleine
Petit gâteau qui nous jette notre passé à la gueule.

❖❖❖

Magicien
Artiste qui a des chiures de colombe dans ses poches et des merdes de lapin dans son chapeau.

❖❖❖

Maîtresse

Femme bonne qui nous change de bobonne.

❁❁❁

Majeur

Doigt indispensable pour conduire dans Paris.

❁❁❁

Maki

Plat de résistance préféré de Jean Moulin.

❁❁❁

Malotru

Mot qui serait bien plus rigolo avec un deuxième O.

❖❖❖

Manche

Mer roumaine.

❖❖❖

Manchot

Pingouin qui touche une pension d'invalidité.

❖❖❖

Mariage

L'union fait la farce.

❁❁❁

Martingale

Système de jeu qui permet de revenir au casino pour gagner.

Ex : Le retour de martingale.

❁❁❁

Masturbation

Caresse que l'on garde pour soi.

❁❁❁

Mèche

Touffe de cheveu qui peut donner un air très méchant si elle est associée à une petite moustache.

❀❀❀

Méditer

Rentrer à l'intérieur de soi.

Contraire : Sodomiser.

❀❀❀

Mélanome

Graine de tournesol.

❀❀❀

Melon

Insulte raciste souvent précédée d'un compliment.

Ex : Chapeau melon !

❀❀❀

Ménopause

Poursuite du jeu sans les règles.

❀❀❀

Mensonge

Principe de dire à l'autre ce qu'il a envie d'entendre.

❀❀❀

Mer
Lac qui se la pète.

❖❖❖

Merci
Mot qui écorche la gueule.

❖❖❖

Mère
Madame 100 gènes.

❖❖❖

Merguez
Chipolata circoncise.

❖❖❖

Métro

Train-train quotidien.

❁❁❁

Miracle

Intervention divine pas toujours réussie.

Ex : Hier, Jésus a changé l'eau en vain.

❁❁❁

Monseigneur

Noble dont on se demande s'il est amoureux.

Ex : « Est-ce qu'il en pince Monseigneur ? »
(Stéphane BERN)

❁❁❁

Morgue

Buffet froid.

❀❀❀

Mormon

Connard à qui tu n'as rien demandé et qui va baptiser ton arrière-grand-mère.

❀❀❀

Motard

Mec qui insulte avec la main et remercie avec le pied.

❀❀❀

Mouillage

Une fille qui vient mouiller dans un port, moi j'appelle ça une salope !

❁❁❁

Musulman

Personne qui ne se demande jamais si c'est du lard ou du cochon.

❁❁❁

Mygale

Quartier de Paris où Spiderman va aux putes.

❁❁❁

N

Nazi
Officier qui a su faire contre mauvaise fortune bunker.

❁❁❁

Népalais
Beau-gosse himalayen.

❁❁❁

Névroses
Traumatismes dus à nos parents que l'on refile à nos enfants.

❁❁❁

Nymphomane
Idéal féminin du priapique.

❁❁❁

O

Occupation

Fait passer le temps sauf si elle est allemande.

❁❁❁

Odeur

Témoin à charge du pet.

❁❁❁

Œdipe

Premier fils de pute.

❁❁❁

Œuf

Coquille fragile et susceptible
qui peut se brouiller très vite quand
on lui rappelle d'où elle sort.

❁❁❁

Oignon

Légume qui fait pleurer
quand on l'épluche et crier
quand on le bouffe.

❁❁❁

Ombre

Cadran solaire
portatif.

❁❁❁

Ongle

Prologue du proctologue.

❋❋❋

Open space

Grand bureau où tout le monde surveille tout le monde et du coup plus personne ne branle rien.

❋❋❋

Opiner

Branler du chef.

Synonyme : Secrétaire.

❋❋❋

Optimiste

Mec qui roule sans ceinture,
qui fume des sans-filtres
et qui baise sans capote.

❁❁❁

Oraison

Compliment auquel
l'intéressé ne peut
pas répondre.

❁❁❁

Oscar

Nain Dujardin.

❁❁❁

Otage

Journaliste qui fait preuve de retenue.

❁❁❁

Oui

Mot à ne jamais prononcer devant des témoins.

❁❁❁

Ouistiti

Petit singe responsable de millions de têtes de con sur les photos.

❁❁❁

Outrance

Petit village de France où se réunissent les partouzeurs.

Ex : « Hier, avec ma femme,
on a baisé à Outrance. »

❁❁❁

Ouverture

Petite porte dans les loges des concierges (voir L'ouverture de *Carmen*).

❁❁❁

Ouvreuse

Femme à qui on donne une pièce avant de la regarder.

❁❁❁

Ovaire

Gonade femelle souvent enflammée sans que cela empêche la pénétration.

Ex : Quand le feu est ovaire, je passe.

❀❀❀

Overdose

Film dont l'héroïne est très mauvaise.

❀❀❀

P

Palace

Hôtel où malgré le prix on trouve quand même un poil de cul dans la baignoire.

❁❁❁

Palier

Endroit où la concierge décompresse.

❁❁❁

Pape

Chef des pédophiles.

❁❁❁

Paradis (terrestre)

Grand parc arboré offert à un jeune couple naturiste qui en a été expulsé après un litige sur un arbre fruitier (lire *Du pommier au péché* de Jean-Pierre COFFE).

❋❋❋

Paradis (fiscal)

Si les paradis artificiels conduisent en enfer, les paradis fiscaux conduisent en Suisse.

(Charles AZNAVOUR)

❋❋❋

Paradoxe

Pourquoi quand on dit d'une femme qu'elle a du chien, on veut lui bouffer la chatte ?

❁❁❁

Parapet

Si un parapet peut sauver une vie,
un pet de para peut tuer.
(Général BIGEARD)

❁❁❁

Parcimonie

Copine raisonnable.
Ex : Aujourd'hui j'ai donné
aux pauvres avec parcimonie.

❁❁❁

Parkinson

Maladie bien pratique
quand on veut faire
une mayonnaise.

❁❁❁

Partage

Cauchemar du riche.

❁❁❁

Partouze

Réunion Tupperware
qui dégénère.

❁❁❁

Pathos

Mousquetaire sous tranquillisant.

❁❁❁

Patron

Enculé de droite.

❋❋❋

Pauvre

Raté de gauche.

❋❋❋

Pédophilie

Action de mettre son majeur dans un mineur.

❋❋❋

Péniche

Bite portugaise.

❋❋❋

Pension

Cauchemar de l'enfant et du père divorcé.

❁❁❁

Perchman

Technicien qui a intérêt à avoir un bon déodorant.

❁❁❁

Péridurale

Petite coquetterie pour femme douillette.

❁❁❁

Perroquet

Oiseau à qui on ne peut pas faire de confidence.

❁❁❁

Pétard

« Le pétard c'est comme moi, plus il tourne et plus il défonce. » (Rocco SIFFREDI)

❁❁❁

Phallus

Bite hellénique.

❁❁❁

Phare

Lampe avec une grosse prise de terre.

❁❁❁

Pilote

Niqueur d'hôtesses.

❁❁❁

Pilule

Cachet qui permet d'avoir des enfants quand on l'oublie.

❁❁❁

Piment

Relève les plats et les cuvettes.

❁❁❁

Pipe

Parc d'attraction
de la bite.

❈❈❈

Piranha

Poisson qui frime
quand il est en bande.

❈❈❈

Piscine

Les piscines c'est comme
les femmes : ça coûte très
cher par rapport au temps
qu'on passe dedans.

❈❈❈

Placard

Quand la femme y rentre, elle est triste, quand l'homme en sort, il est gay.

❁❁❁

Plage

Grande étendue qui nous met sur le sable quand on a payé la location des matelas.

❁❁❁

Plombier

Artisan très demandé dans les films porno.

❁❁❁

Polichinelle

Marionnette beaucoup moins drôle quand elle est dans le tiroir.

❁❁❁

Polygamie

Pratique qui rend les hommes heureux et les femmes malheureuses.

❁❁❁

Pomme

Fruit des fendues.

❁❁❁

Pompier

Éteint les feux et allume les filles.

❁❁❁

Portier

Ouvre-boîte.

❁❁❁

Potache

Étudiant blagueur qui n'a qu'un seul testicule (il n'y a qu'une couille dans le potache).

❁❁❁

Pouce

Arrête les conflits quand on le lève et les voitures quand on le tend.

❁❁❁

Pouf

Gros coussin pour filles vulgaires.

❊❊❊

Privé

Détective qui n'a pas droit au dessert.

❊❊❊

Promesse

Les promesses c'est comme les barres dans le métro : ça rassure mais on n'est pas obligé de les tenir.

❊❊❊

Proxénète

Plus Mac que PC.

❁❁❁

Psy

Docteur qui n'accepte pas les chèques.

❁❁❁

Pubis

Endroit qui sert à se faire des amis. Voir pubis relations.

❁❁❁

Pucelage

Légende urbaine au collège.

❁❁❁

Punk

Rebelle même pas vacciné contre le tétanos.

❁❁❁

Purgatoire

Salle d'attente du paradis où le temps de passage n'est pas sans rappeler celui du Pôle Emploi.

❁❁❁

Putois

Animal qui pète et qui accuse l'autre.
Ex : « Si ce n'est putois,
c'est donc ton frère. »

❈❈❈

Pygmée

Africain qui crache dans la soupe.

❈❈❈

Pyramide

En 3 : tombeau... triangle... Égypte.

❈❈❈

Q

Qualité

Mot que l'on oppose à « quantité », surtout quand on a un micro-pénis.

❁❁❁

Question

Une bonne question est une question qui pose d'autres questions.

Ex : Y a-t-il des talibans naturistes ?

Hulk avait-il la main verte ?

Est-ce que le Géant Vert se gare en épis ?

Pourquoi 100 coups fait rire ?

...

❁❁❁

Quoi

Premier mot d'une engueulade.

Ex : Quoi ? Qu'est-ce que t'as dit

sur ma mère ?

❁❁❁

Quotidien

Le quotidien d'accord mais pas tous les jours !

❁❁❁

R

Rabbin

Religieux qui coupe court aux cérémonies.

❁❁❁

Radar

Appareil qui fait des photos floues et hors de prix.

❁❁❁

Rage

Colère qu'il vaut mieux extérioriser si l'on ne veut pas souffrir de rage dedans.

❁❁❁

Ragot

Commérage entre ovins.

Ex : Le ragot de mouton.

❁❁❁

Raid

Unité de police spécialisée dans l'éradication des blattes.

❁❁❁

Ramadan

Pratique religieuse qui embellit les filles.

Voir *Jeûne et jolie*.

❁❁❁

Rat

Rongeur dont
la femelle se dilate
quand elle rit.

❁❁❁

Ravioli

Deuxième prénom
du copain de Robinson
Crusoé.

❁❁❁

Rectum

Trou du cul latin.
Voir Berlusconi.

❁❁❁

Règles

Si les hommes saignaient tous les mois,
ils seraient certainement moins cons,
Ils ne feraient plus la guerre je crois,
ou seulement dans des zones tampon.
(Than Pax)

❁❁❁

Repos

Pourquoi est-ce
le repos éternel qui
nous travaille le plus ?

❁❁❁

Réserve

Enclos pour Indiens timides
qui en sortent uniquement
pour faire le plein.

❁❁❁

Ressort

Objet qui donne du fil
à retordre.

❁❁❁

Riz

Céréale surnommée titi
par les enfants. Voir titi et graminée.

❁❁❁

Roue

Invention attribuée
aux Mésopotamiens
(-3500 av. J.-C.) qui a été
contrecarrée par
l'invention de l'alcootest
(1965 après J.-C.).

❁❁❁

S

Sadique

Partenaire attachant.

❁❁❁

Salière

« Les salières, c'est comme les femmes, plus elles sont humides, plus on leur défonce l'arrière. »

(Rocco Siffredi)

❁❁❁

Sans-papier

Étranger qui évite les flics et les toilettes.

❁❁❁

Sauf

Petit mot qui sauve bien des réputations, surtout celle de ma mère.

❁❁❁

Scanner

Space mountain du cancéreux.

❁❁❁

Scientologie

Religion qui exige un RIB.

❁❁❁

Scrotum

Enveloppe qui fait d'une paire deux couilles.

❀❀❀

Self-control

Restaurant où on essaye de ne pas renverser son plateau.

❀❀❀

Séminaire

Week-end de travail organisé dans des endroits où les portables passent très mal et où les maris sont très durs à joindre.

❀❀❀

Serment

Promesse numérotée validée par une poignée de main.

Ex : Serment 5.

❁❁❁

Ski

Deuxième sport de glisse après l'amour.

❁❁❁

Slogan

Sous le pavé les frites.

(Paul BOCUSE)

❁❁❁

Smartphone

Téléphone qui sera vraiment intelligent le jour où une application nous expliquera comment s'en passer.

❖❖❖

Sodomie

Itinéraire bis.

❖❖❖

Soldes

Période pendant laquelle on achète des choses dont on n'a absolument pas besoin sous prétexte que c'est moins cher.

❖❖❖

Solex

Harley du pauvre.

❁❁❁

Solfège

Truc qui empêche d'apprendre la musique.

❁❁❁

Solutions

De la charade :

Vattau fer an cul lait.

De l'énigme :

Ce dictionnaire.

De la devinette :

Un menteur.

❁❁❁

Sommeil

« Plus le sommeil est profond, moins la fille porte plainte. » (G. H.-B.)

❁❁❁

Sommets

Ce que l'on atteint quand on descend très bas.

❁❁❁

Souvenir

Objet pourri qu'on achète pour se souvenir d'un bled de merde.

❁❁❁

Soviet

Représentant de la nation russe
qui travaillait par intermittence.
Voir les soviets périodiques.

❁❁❁

Sperme

Le sperme c'est comme la mort, ça renouvelle l'humanité mais c'est dur à avaler.

❁❁❁

Sportif

Athlète incapable de conjuguer son exploit à l'imparfait du subjonctif.

❁❁❁

Stalactite/stalagmite

C'est comme les ascenseurs :
on sait jamais lequel monte
et lequel descend.

Statistique

D'après mes calculs,
69 % des lecteurs de
ce livre seront satisfaits,
19 % seront déçus,
7 % seront fous furieux
d'avoir claqué 15,90 euros
pour une merde pareille,
et 2 % me rechercheront
partout dans la ville pour
me faire bouffer cet
ouvrage feuille par feuille.

Stère

Mètre cube de bois vendu à Fred. Voir Fred Astaire.

❋❋❋

Steward

Hôtesse de l'air gay.

❋❋❋

Stoïcisme

Doctrine basée sur la vertu et le renoncement.

Ex : « Aujourd'hui, je n'ai pas baisé, Épictète que demain non plus. »

❋❋❋

String

Divise les fesses,
multiplie les regards.

❁❁❁

Sucer

Aspirer à se faire des amis.

❁❁❁

Sucre

Mot à prendre avec des pincettes.

❁❁❁

Suicide

Seule façon de commettre un crime sans s'exposer à des représailles.

❁❁❁

Suisse

Européen
qui a du coffre.

❁❁❁

Surdité

Handicap bien agréable
quand on a épousé
une chieuse.

❁❁❁

Suspect

En un mot coupable potentiel,
en deux pervers gazophile.

❁❁❁

Syllogisme

Raisonnement tiré par les poils du cul.

Ex 1 : Le premier de la classe est un fayot. Les fayots font péter. Donc le premier de la classe fait péter.

Ex 2 : Les femmes qui demandent de l'argent sont des putes. Ma boulangère me demande de l'argent. Donc ma boulangère est une pute.

❁❁❁

T

Tabouret

Mot sur lequel je n'ai aucun dossier.

❁❁❁

Taxidermie

Pratique qui permet de garder sa grand-mère plus longtemps dans le salon après sa mort.

❁❁❁

Tchador

Prison portative.

❁❁❁

Télépathie

Concentrez-vous et vous saurez ce que je pense de ce mot.

❁❁❁

Téléski

Pour certaines, le seul moyen de se faire tirer à la montagne.

❁❁❁

Temps

Mon passé très présent rend mon futur imparfait.

❁❁❁

Tennis
Sport de gentleman avant l'arrivée de Nastase, Connors et McEnroe.

❁❁❁

Testament

Dernier endroit où les hommes couchent leur maîtresse.

❁❁❁

Thaïlande

Lieu de villégiature préféré des ministres de la Culture.

❁❁❁

Théâtre

Endroit où l'on baille aux Corneille.

❁❁❁

Tiède

Mot qui ne fait ni chaud ni froid.

❁❁❁

Tilt

Mot qui fait flipper.

❁❁❁

Tir à l'arc

Sport qui fait bander.

❖❖❖

Ton

Mon quand
on me l'a donné.

❖❖❖

Tourista

Conséquence courante du
changement d'alimentation
qui permet d'avoir
du liquide à l'étranger.

❖❖❖

Trampoline

Sport qui permet d'espionner chez le voisin par intermittence.

❁❁❁

Travesti

Il flottante.

❁❁❁

Trésor

Fait rêver quand il est privé et peur quand il est public.

❁❁❁

Trop

Qui trop s'embrase
mal éteint.

(Jeanne d'ARC)

❁❁❁

Troufion

En un mot, simple soldat,
en deux, double orifice.

❁❁❁

Tunnel

Piège à princesse.

❁❁❁

Turlute

Service en sus.

❁❁❁

U

Ukulélé

Contrebasse pour personne de petite taille.

❁❁❁

Uranium

Plus on l'enrichit, plus on s'appauvrit.

❁❁❁

Urne

Permet de voter en Corse surtout quand elle est funéraire.

❁❁❁

Y

Vacances

Période pendant laquelle les hommes refont l'amour à leur femme.

❈❈❈

Vacherie

Petite vengeance bien ruminée.

❈❈❈

Vagin

Équivalent d'une attraction à Disneyland. On fait la queue pendant des heures avant de rentrer, et une fois à l'intérieur, ça ne dure que trois minutes.

❈❈❈

Varice

Carte routière des vieilles.

❁❁❁

Vasectomie

Au revoir les enfants !

❁❁❁

Vaseline

Crème pour les gens

qui n'ont pas envie de voir

la tête de leur partenaire.

❁❁❁

Vélo

Sport de pédales
qui consiste à se faire
des piqûres avant
la rentrée des cols.

❁❁❁

Ventilateur

Appareil qui brasse de l'air.
Synonyme : Commentateur sportif.

❁❁❁

Vérité

La vérité sort de la douche
des enfants. (Michael JACKSON)

❁❁❁

Verre
Un verre à pied ne va pas plus loin qu'un autre. (Jean CARMET)

❁❁❁

Vétérinaire
Gros vicelard qui pratique le Fist Fucking sur des vaches sans être inquiété par la justice.

❁❁❁

Viager
Principe amoral qui consiste à investir dans la pierre en espérant qu'elle soit vite tombale.

❁❁❁

Viagra

Pilule qui redonne
de l'espoir aux vieux
et du souci aux vieilles.

❈❈❈

Vie

Période aléatoire
entre le néant
et le néant.

❈❈❈

Vinaigre

Si le vinaigre acétique, que dire
de Vincent Lindon ?

❈❈❈

Virilité

Vieux souvenir de quinqua.

❁❁❁

Vitrine

Ce que les femmes lèchent en premier.

❁❁❁

Voile

Morceau de tissu qui divise.

Ex : « Êtes-vous pour le port de la voile dans les régates ? »

❁❁❁

Voiture

Objet dont la prolifération annule sa fonction première.

❁❁❁

Volontaire

Connard qui fait un pas en avant quelle que soit la proposition.

❁❁❁

Voyeur

Personne stupide qui mate les culs des filles planqué dans un fourgon.

Voir le con voyeur de fion.

❁❁❁

Wagon

Mieux vaut sucer dans le wagon de queue que penser dans le wagon de tête. (Clara MORGANE)

❁❁❁

Water-polo

Sport qui consiste à jeter ses vieux vêtements dans les toilettes.

❁❁❁

Week-end

Période de repos pendant laquelle on fait tous les trucs chiants qu'on n'a pas eu le temps de faire dans la semaine.

❁❁❁

Western

Film à deux balles où
le méchant en prend une.

❁❁❁

X

Pourquoi classer X
les films de Q ?

❁❁❁

Yoga

Permet d'ouvrir ses chakras
et de fermer sa gueule.

❁❁❁

Z

Zébu

Aveu d'alcoolique.

❁❁❁

Zèle

Pratique idiote qui consiste à travailler plus pour gagner pareil.

❁❁❁

Zéro

Chiffre inventé par les Arabes pour noter leur accueil en France.

❁❁❁

Zizanie

Discorde qui peut survenir surtout dans les couples mixtes.
Voir Laziz-Annie.

❁❁❁

Zoo

Seule prison au monde où les détenus se masturbent devant les enfants.

❁❁❁

Les Editions KERO utilisent des papiers composés de fibres naturelles, renouvelables, recyclables et fabriqués à partir de bois issu de forêts qui adoptent un système d'aménagement durable.

Achevé d'imprimer en octobre 2013 par Normandie Roto Impression s.a.s., 61250 Lonrai
Dépôt légal : septembre 2012 - N° d'imprimeur : 133827 - *Imprimé en France*